Este libro le pertenece a:

....

Copyright © BPA Publishing Ltd 2020

Autora: Pip Reid

Ilustrador: Thomas Barnett

Director creativo: Curtis Reid

www.biblepathwayadventures.com

Gracias por apoyar a Bible Pathway Adventures®. Nuestra serie de aventuras ayuda a los padres a enseñarles a sus hijos sobre la Biblia de una forma divertida y creativa. Diseñada para toda la familia, la misión de Bible Pathway Adventures es reintroducir el discipulado en los hogares de todo el mundo. ¡La búsqueda de la verdad es más divertida que la tradición!

Los derechos morales de la autora y el ilustrador han sido declarados. Este libro está protegido por copyright.

ISBN: 978-1-989961-17-9

Vendido como esclavo

Las aventuras de José

"No os entristezcáis por haberme vendido como esclavo aquí, ni os enojéis, porque Dios me envió ante vosotros para preservar la vida". (Génesis, 45:5)

Hace mucho tiempo, en la tierra de Canaán, vivía Jacob, un gran patriarca hebreo que tuvo muchos hijos. De todos sus hijos, a quien más amaba era al joven José. Al hacerse José mayor, sus hermanos notaron que su padre lo amaba más que a ellos. Para empeorar las cosas, muy a menudo José informaba a su padre del mal comportamiento de sus hermanos.

Rubén, el primogénito, se comportaba tan mal que Jacob le quitó su bendición especial, llamada derecho de nacimiento, y se la otorgó a José. "Cuando yo muera, José dirigirá esta familia", dijo Jacob. Y le entregó una hermosa capa honorífica a José para demostrarles a todos cuánto amaba a su hijo menor.

José se sentía orgulloso de su bella capa. La utilizaba allí donde iba. Pero cuando sus hermanos vieron lo que su padre había hecho, ¡sintieron más celos de José y desearon que desapareciera!

¿Sabías que?

Rubén perdió su primogenitura porque deshonró el lecho de su padre. En cambio, se les entregó la primogenitura a José y sus hijos. (1 Crónicas 5:1-2)

Una noche, mientras todos dormían, José tuvo un extraño sueño. Cuando se despertó a la mañana siguiente, estaba ansioso por contárselo a sus hermanos: "En mi sueño, nuestra familia estaba juntando el grano y vuestros montones se inclinaban ante los míos".

Los hermanos de José no querían escuchar nada del extraño sueño de su hermano menor. "Sí", se burlaban, "¡con seguridad, tú serás nuestro rey! ¡Harás un gran trabajo dirigiéndonos!".

Poco tiempo después, José tuvo otro sueño. "¡Escuchad!", anunció. "En este sueño, el sol, la luna y las once estrellas se inclinaban ante mí". Esta vez se lo contó tanto a su padre, Jacob, como a sus hermanos.

"¿Qué significa ese sueño extraño que tuviste?", dijo Jacob. "¿Acaso piensas que tu familia se inclinará ante ti?". Los hermanos se mostraron de acuerdo. "Nosotros no vamos a inclinarnos ante nuestro hermano menor. Él se cree mejor que nosotros". Sus corazones se resintieron aún más y empezaron a tenerle más odio del que ya le tenían.

Aunque Jacob y su familia vivían en tiendas, Jacob era un hombre rico. Tenía un gran rebaño de ovejas y cabras, así como muchos camellos y burros. Cada día su familia trabajaba muy duro en los campos para cuidar de los animales.

Un día, los hermanos llevaron a las ovejas de su padre a pastar en campos lejanos. Tras varios días sin saber de ellos, Jacob dijo a José: "Ve donde tus hermanos para comprobar que no estén metiéndose en problemas". José rápidamente obedeció a su padre. Se puso su bonita capa y fue en busca de sus hermanos.

Cuando los hermanos vieron a José a la distancia, uno de ellos dijo: "Aquí viene el soñador. Matémoslo y contemos que un animal salvaje lo devoró". Los otros hermanos asintieron. "Por estos lares no hay nadie. ¿Quién se enterará de lo que hagamos?". Pero Rubén, quien en secreto esperaba rescatar a José después, sacudió la cabeza. "No, no lo matemos. En vez de eso, arrojémoslo dentro de un pozo".

Cuando José alcanzó a sus hermanos, ellos lo atraparon, le quitaron su preciosa capa y lo tiraron dentro de un pozo seco y oscuro. "¡No me abandonéis aquí!", gritó José a sus hermanos. "¿Qué os he hecho?". Los hermanos se asomaron dentro del pozo y rieron. "¡Veremos qué pasa con tus sueños ahora!".

Al caer el sol, los hermanos se sentaron cerca del pozo para comer. Pronto, se acercó un grupo de comerciantes; sus camellos iban cargados con especias para vender en Egipto. Los hermanos se pusieron de pie rápidamente y señalaron a los hombres. "Rubén no está aquí ahora. ¡Ésta es nuestra oportunidad! Vendamos a nuestro hermano menor a estos mercaderes".

Los hermanos sacaron a José fuera del pozo y lo vendieron a los mercaderes por veinte piezas de plata. Cuando regresó Rubén, ya era muy tarde. José se había marchado. Sus hermanos habían llevado a cabo su malvado plan y lo habían vendido como esclavo.

¿Sabías que?

Muchas personas creen que hay formas diferentes de pronunciar el nombre de Dios. Estas incluyen, por ejemplo, Yah, Yahweh y Yahuah.

Los hermanos empaparon la capa de José con sangre de una cabra y la llevaron a casa para mostrarla a su padre. "¿Es esta la capa de José?", preguntaron. Jacob tomó la prenda, horrorizado. "¡Mi hijo debe haber sido devorado por animales salvajes!".Jacob, desconsolado, se rasgó las vestiduras y lloró durante muchos días.

Entretanto, José y los mercaderes viajaron a través del desierto hasta llegar a las puertas de Egipto. José contempló asombrado los imponentes edificios. Enormes faraones de piedra se sentaban en sus tronos. Inmensas pirámides brillantes se elevaban hacia las alturas. *"¿Qué pasará conmigo?"*, se preguntaba. *"¿Volveré a ver a mi padre?"*.

Los comerciantes vendieron a José a Potifar, un importante oficial de la corte del faraón, el rey de Egipto.
La vida en aquel país era muy diferente a la de la tierra de Canaán. La familia de Potifar comía alimentos extraños y adoraba a dioses falsos, pero José se mantuvo fiel a los mandatos de Dios. *"Yo solo rezaré a Dios, el único Elohim verdadero"*.

José trabajaba duro para Potifar, que se mostraba complacido. "Tu dios te ha bendecido. Te pondré a cargo de mi casa y de todos mis sirvientes". De ahí en adelante, Dios bendijo a Potifar y todas sus pertenencias debido a José.

Los años pasaron y todo iba bien para José. Solamente había un problema. La esposa de Potifar se sentía atraída por José y trataba de seducirlo. Un día, estando su esposo lejos de casa, le pidió a José que pasara un tiempo a solas con ella. "No", le respondió José. "Tu esposo me pidió que cuidara de su casa. No puedo traicionarlo".

La esposa de Potifar no se dio por vencida. Día tras día, le rogaba a José que pasara tiempo a solas con ella. Pero José temía a Dios y no la escuchaba. Finalmente, a ella se le ocurrió un plan perverso. Un día, mientras José trabajaba en la casa, le arrancó su túnica y lo arrastró hasta su alcoba. Pero José huyó tan rápido como pudo, dejando su ropa en poder de la mujer.

La esposa de Potifar estalló en una terrible furia. *"Si José me rechaza, lo meteré en problemas"*. Esa noche le dijo a su esposo una horrible mentira sobre José: "El esclavo hebreo trató de besarme, pero grité y salió corriendo". Potifar se puso furioso. Golpeando sus puños sobre la mesa, dijo: "¡Cómo se atreve José a traicionarme! ¡Encarceladlo!".

José estuvo en la cárcel durante muchos años. Pero aun así, Dios estaba con él, y pronto lo pusieron a cargo de todos los prisioneros. Durante este tiempo el faraón se enojó con su mayordomo y con su panadero y los metió en la misma prisión donde estaba José, quien los protegió.

Una noche mientras estaban durmiendo, el mayordomo y el panadero tuvieron sueños extraños. A la mañana, le dijeron a José: "Ambos hemos tenido sueños que no logramos entender". A lo que José contestó: "Dios ayuda a los hombres a entender sus sueños. Contadme los vuestros".

El mayordomo dijo a José: "Vi una viña con tres ramas y muchas uvas maduras. Exprimí las uvas dentro de la copa del faraón y se lo di a beber". José pensó por un momento y luego respondió: "En tres días, el faraón te devolverá tu trabajo".

El panadero se emocionó al oír el significado del sueño del mayordomo. Tomó del brazo a José. "En mi sueño, sobre mi cabeza tenía tres cestas llenas de pan. Pero los pájaros se comieron todo el pan sin dejar nada". José miró con tristeza al panadero. "Dentro de tres días, el faraón ordenará tu muerte".

Tres días después, el faraón celebró en su palacio una magnífica fiesta de cumpleaños. Durante la fiesta, el faraón mandó llamar al mayordomo y al panadero. El mayordomo recuperó su trabajo y el panadero fue condenado a morir en la horca, tal como José había vaticinado.

Pasaron dos años y José seguía en prisión. Una noche, el faraón tuvo dos sueños que no pudo entender. En uno de los sueños, siete vacas gordas fueron a pastar al río Nilo. Después, siete vacas flacas salieron del río y se comieron a las vacas carnosas. El faraón se despertó y luego se volvió a quedar dormido, y soñó con siete robustas espigas de grano que crecían. Seguidamente, aparecieron siete espigas demacradas que se comieron a las espigas colmadas.

Cuando despertó a la mañana siguiente, mandó a llamar a todos sus magos a palacio. "¡Decidme qué significan estos sueños!", clamó. Pero por mucho que se esforzaron, los magos no consiguieron explicar el significado de los sueños del faraón. De repente, el mayordomo recordó a José en prisión. "Hay un prisionero hebreo que interpreta los sueños", dijo. "Quizás podría explicarte los tuyos". La cara del faraón se iluminó. "Los inútiles de mis magos no saben nada. Traedme a ese hebreo que interpreta los sueños".

El faraón se sentó en el borde de su trono dorado y miró esperanzado a José. "Mis magos son unos inútiles y no pueden explicar mis sueños. Pero uno de mis sirvientes me aseguró que tú sí podrías". José contestó: "Dios entiende los sueños, no yo. Él me ayudará a averiguar el significado de tus sueños". José escuchó atentamente mientras el faraón le explicaba sus extraños sueños.

"Tus sueños son advertencias de Dios", dijo José. "Egipto tendrá siete años de prosperidad, seguidos de siete años de escasez. No crecerá nada de grano. Deberías reunir víveres ahora y guardarlos para más adelante".

El faraón nunca había conocido a alguien tan sabio como José. Se quitó un anillo y lo colocó sobre la mano de José. Le colgó una cadena de oro alrededor del cuello y le entregó ropa de lino fino. "Ahora debes liderar a todo Egipto", dijo el faraón. "Todos deben hacer lo que tú mandes".

José tenía treinta años de edad cuando se convirtió en el gobernador de Egipto. Solamente el faraón era más importante para el pueblo que José.

Para ayudar a José con el gobierno de Egipto, el faraón le asignó una magnífica carroza de oro para desplazarse con ella. Allí donde iba José, los sirvientes del faraón caminaban delante de la carroza gritando: "¡Arrodillaos ante el gobernador de Egipto!".

Dado que Dios le había indicado que habría una gran escasez, José entendió lo que debía hacer. Durante los siguientes siete años, construyó largos canales para almacenar agua y enormes almacenes para guardar comida. ¡José llegó a almacenar tanto grano, que no podía contarlo! Cuando los siete años de abundancia concluyeron, llegaron los siete años de escasez. Día tras día el sol quemaba y la tierra se convertía en polvo. Los egipcios estaban tan hambrientos que sus estómagos gruñían. "Tenemos hambre. ¡Por favor, danos de comer!", rogaban al faraón.

El faraón sabía que José había hecho planes para hacer frente a la hambruna. Dijo a los egipcios: "Id donde José y haced lo que él les diga". Entonces José abrió todos sus almacenes. Vendió grano a los egipcios y todos tuvieron suficiente para comer.

¿Sabías que?

En Egipto, cerca de la ciudad de Medinet-el-Fayum, hay un antiguo canal artificial conocido como "Bahr Yusuf". Esto se traduce del árabe a algo parecido a la "vía fluvial de José".

La escasez también alcanzó a la tierra de Canaán, donde vivía la familia de José. Cuando Jacob, su padre, se enteró de que en Egipto había grano, dijo a sus hijos: "Id a Egipto y comprad comida para que no muramos de hambre". Pero Jacob hizo que Benjamín se quedara en casa con él. No quería perder otro hijo como había perdido a José.

Los hijos de Jacob ensillaron sus burros y se dirigieron a Egipto. Nunca, ni en sus sueños más descabellados, podrían haberse imaginado que el poderoso gobernador de Egipto era su hermano José. Cuando los hermanos llegaron a Egipto, se inclinaron ante él y le dijeron: "Ya no queda grano en la tierra de Canaán. Hemos venido a comprar comida para nuestras familias". Ninguno de ellos reconoció a José con sus exquisitas vestimentas egipcias.

Pero José sí reconoció a sus hermanos de inmediato. Judá, Simeón, Rubén, Zabulón... Todos sus hermanos, menos Benjamín, habían venido y se habían inclinado ante él. ¡Los sueños que Dios le había enviado tantos años atrás finalmente se estaban convirtiendo en realidad!

A José se le ocurrió un plan astuto. Decidió mantener en secreto que él era su hermano. Utilizando a un hombre hebreo como intérprete para comunicarse con ellos, les dijo: "¡Vosotros sois espías! Habéis venido para espiar a Egipto". Los hermanos de José lo negaron con amplios movimientos de sus cabezas. "No, no, no somos espías. Venimos desde la tierra de Canaán para comprar alimentos".

"No os creo", dijo José. "¿Cómo puedo saber que no sois espías?". Los encerró en una celda durante tres días. Al tercer día, dijo: "Tomad algo de grano y regresad a casa. Traedme a vuestro hermano pequeño. Entonces sabré que estáis diciendo la verdad".

Los hermanos temblaban de miedo. ¿Sería que Dios los estaba castigando por lo que le hicieron a su hermano menor tiempo atrás? Rápidamente, cargaron sus burros con comida y partieron hacia la tierra de Canaán. Pero José se quedó con Simeón y lo dejó en la cárcel para asegurarse de que sus hermanos regresarían a Egipto.

¿Sabías que?

El nuevo nombre egipcio de José era Tzafnat-Pa'neach, que significaba "descifrador de códigos", o "descifrador de secretos".

Cuando los asustados hermanos llegaron a casa, le contaron a su padre todo lo sucedido. "El gobernador de Egipto metió a Simeón en la cárcel. ¡Debemos regresar a Egipto con Benjamín para poder liberar a nuestro hermano!".

"Camino a casa, descubrí el dinero que utilizamos para comprar el grano escondido dentro de mi bolso de comida", añadió Zabulón. "¿Qué está haciendo Dios con nosotros?". Los otros hermanos vaciaron sus bolsos de comida. Para su sorpresa, ¡dentro de sus sacos también había dinero escondido!

Jacob miró el dinero con ansiedad. "Nunca os dejaré llevar a Benjamín a Egipto. Me moriría si algo le sucediera". Sin embargo, llegó el día en que el grano que habían comprado en Egipto comenzó a agotarse. Jacob dijo a sus hijos: "Volved a Egipto y comprad más comida".

"Debemos llevar a Benjamín con nosotros", dijo Judá. "De lo contrario, el gobernador nos meterá a todos en la cárcel". Jacob suspiró y miró a Benjamín. "Está bien", dijo. "Llevaos a Benjamín con vosotros. Si debo perder a mis hijos, que así sea".

Los hermanos de José emprendieron camino hacia Egipto nuevamente, esta vez con Benjamín. Llevaron muchos regalos para el gobernador, incluyendo el doble de dinero que la vez anterior, para devolver el que habían encontrado escondido en sus sacos.

Cuando José vio a Benjamín con sus hermanos, liberó a Simeón de la cárcel e invitó a todos a su casa para que comieran con él. "Preparad una gran fiesta", ordenó a sus sirvientes. "Estos hombres comerán conmigo esta noche". Los hermanos se miraban nerviosamente unos a otros. "¿Por qué el gobernador nos invita a comer? Quizás fue él quien hizo colocar el dinero en nuestros sacos para poder robar nuestros burros y convertirnos en esclavos".

Pero los hombres no tenían nada que temer. Esa noche, José celebró un festín magnífico para sus hermanos. Pero algo inusual ocurrió en la comida. José los sentó en la mesa en orden, desde el mayor hasta el menor, y le sirvió a Benjamín cinco veces más comida que a los otros. "¿Cómo puede saber nuestras edades?", susurraron. "¿Y por qué le ha dado más comida a Benjamín?".

¿Sabías que?

Se ha encontrado evidencia de un antiguo asentamiento hebreo en el área conocida como la tierra de Gosén. Los arqueólogos han descubierto restos de burros, artesanía y armas.

Cuando la comida terminó, los hermanos querían irse a casa. José les dijo a sus sirvientes: "Llenadles los sacos con toda la comida que puedan transportar. Esconded mi copa de plata en el saco de Benjamín". Quería saber si ellos amaban a Benjamín, o si tratarían a su hermano menor de la misma manera cruel en que lo habían tratado a él hace muchos años.

A la mañana siguiente, los hermanos partieron hacia la tierra de Canaán. Pero no llegaron muy lejos. José envió a un sirviente tras ellos para acusarlos de haber robado su copa de plata. Cuando el sirviente los alcanzó, dijo: "No encontramos la copa de plata del gobernador. ¿Os la habéis llevado?".

"¡No! No nos hemos robado nada", exclamaron los hermanos. "No tenemos ningún motivo para robar la copa del gobernador". El sirviente de José no les creía. Uno por uno, buscó dentro de los sacos de comida. Dentro del saco de Benjamín, encontró la copa perdida. "¡Sois una banda de ladrones!", gritó.

Los hermanos se quedaron mirando la copa, atemorizados. "No sabemos cómo pudo haber llegado la copa hasta el saco de Benjamín. Ninguno de nosotros robaría esa copa". Pero el sirviente no escuchó a los hermanos. Los llevó de regreso a la ciudad para presentarlos ante José.

En casa de José, los hermanos se postraron en el suelo ante él, rogando clemencia. "¿Cómo podemos demostrar que nosotros no robamos tu copa de plata?". José los miró desde arriba y tamborileó sus dedos. "¿Pensasteis que podríais engañarme?", preguntó con severidad.

Señaló a Benjamín. "De ahora en adelante, Benjamín será mi esclavo. Los demás podéis marcharos a vuestra casa". Preocupados porque a su padre se le rompiera el corazón si volvían a casa sin Benjamín, Judá se adelantó y se arrodilló a los pies de José. "No te quedes con Benjamín", rogó. "Nuestro padre ya perdió a un hijo. Permíteme ser tu esclavo en lugar de mi hermano".

José estaba lleno de amor por su familia. Al preocuparse por Benjamín, estaba seguro de que sus corazones habían cambiado y que ya no eran malvados ni crueles. Respirando profundamente, ordenó a todos sus sirvientes salir de la habitación. ¡Había llegado la hora de compartir su increíble secreto!

¿Sabías que?

Cuando los Israelitas salieron de Egipto cientos de años más tarde, se llevaron los huesos de José con ellos. (Josué 24:32)

Los ojos de José se llenaron de lágrimas y comenzó a sollozar. "Soy José, vuestro hermano, a quien vendisteis como esclavo", explicó. "¿Vive aún mi padre?". Los hermanos se quedaron mirando a José con incredulidad. Estaban tan asustados que no podían hablar. Con sus piernas temblando como gelatina, se miraron unos a otros. ¿Los iba a castigar José por traicionarlo hacía ya tantos años?

Pero no tenían nada de qué preocuparse. José amaba a sus hermanos y ya los había perdonado. "No temáis", les dijo. "Dios me hizo gobernador de Egipto. Él me envió aquí para salvar vidas. Lo que hicisteis por maldad, Dios lo convirtió en algo bueno". José había entendido que Dios tenía un plan para salvar a Su pueblo desde el principio.

Pronto los hermanos comenzaron a hablar, a reírse y a compartir historias. "Id a buscar a nuestro padre y a vuestras familias y venid a Egipto", dijo José. "Yo cuidaré de todos vosotros". El faraón también estaba complacido. Dijo a José: "Ofrece mis carretas a tus hermanos para transportar a sus esposas e hijos. Que traigan a tu padre con ellos. Les daré la mejor tierra de Egipto y tendrán suficiente para comer".

Los hermanos se apresuraron a llegar a la tierra de Canaán para ver a su padre. "¡José aún vive!", anunciaron. "Es el gobernador de todo Egipto". Al principio, Jacob no les creía. Pero cuando vio las carretas que José había enviado para llevarlo a Egipto, supo que sus hijos estaban diciendo la verdad.

Jacob empacó todas sus pertenencias y partió hacia Egipto. En el camino, Dios le habló a Jacob, a quien había dado un nombre nuevo: Israel. "Os acompañaré a Egipto, y os convertiréis en una gran nación. Y un día, traeré a Mi pueblo de vuelta a casa".

Tan pronto como José oyó que su familia había llegado a Egipto, voló a recibirla. Cuando se encontraron, José se arrodilló ante su padre y lloró durante largo rato. "Ahora puedo morir en paz", dijo Israel. "¡He visto a mi hijo vivo!".

El faraón mantuvo su promesa. Entregó la mejor tierra de todo Egipto a la familia de José: la tierra de Gosén. Trabajaron duro y se hicieron ricos en todos los sentidos. Y, durante muchos años, los hebreos vivieron pacíficamente en Egipto, gracias a lo que José había hecho por el faraón.

FIN

¡Prueba tu conocimiento!
(Empareja la pregunta con la respuesta correcta en la parte de abajo de la página)

PREGUNTAS

¿Cómo se llamaba el padre de José? ....

¿Cuál fue el primer sueño de José? ....

¿Cómo los hermanos de José se deshicieron de él? ....

¿Cómo se llamaba el amo de José en Egipto? ....

¿Qué hizo José por el faraón? ....

¿Qué edad tenía José cuando el faraón lo nombró gobernador de Egipto? ....

¿Por qué, en un principio, Jacob envió a los hermanos de José a Egipto? ....

¿De qué acusó José a sus hermanos en su primer encuentro? ....

¿Qué le dijo José a su sirviente que escondiera en el saco de Benjamín? ....

¿Dónde vivió la familia de José después de mudarse a Egipto? ....

RESPUESTAS

1. Jacob
2. Montones de granos inclinándose ante otros montones
3. Lo arrojaron a un pozo y lo vendieron a unos mercaderes
4. Potifar
5. Interpretó sus sueños
6. Treinta años de edad
7. Para comprar grano
8. De ser espías
9. Dinero del grano y una copa de plata
10. Tierra de Gosén

Completa la sopa de letras

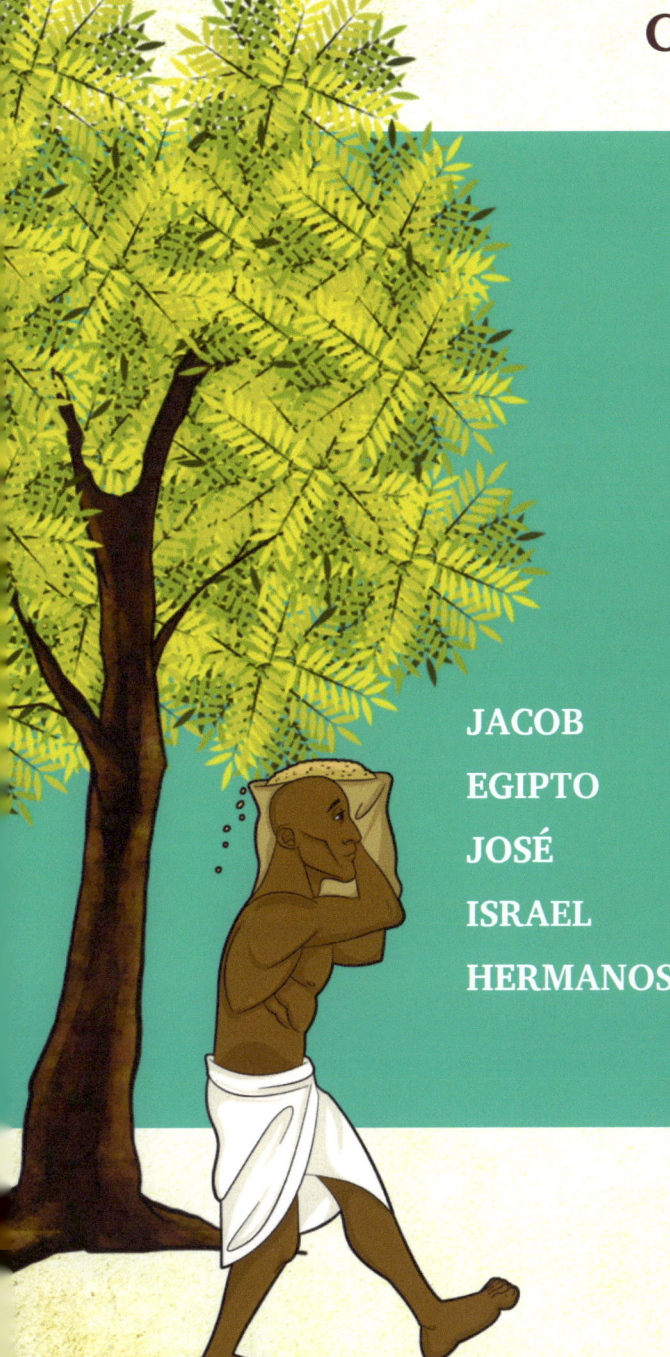

JACOB
EGIPTO
JOSÉ
ISRAEL
HERMANOS
JUDÁ
HEBREOS
FARAÓN
GOSÉN
POTIFAR

```
I H F A R A Ó N Q P
U S E C M O G F H O
I P R B P R J P E T
T W I A R S A X R I
N H X E E E C X M F
K B U I W L O W A A
J O S É J B B S N R
Z E G I P T O Y O E
F R Q G O S É N S Q
K J U D Á A G O Z G
```

Bible Pathway Adventures®

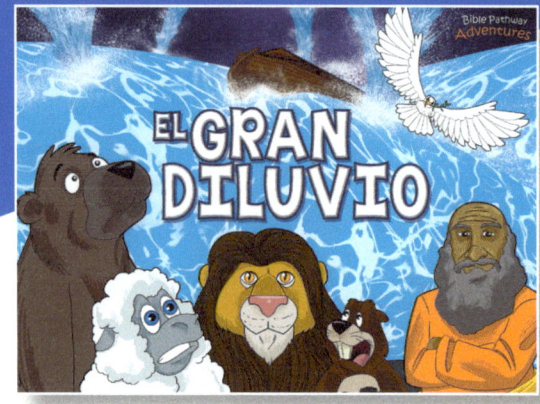
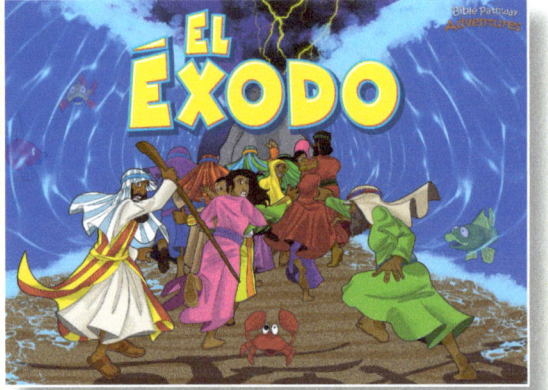

Traición al Rey

El Rey Resucitó

Salvado por una Asna

Arrojado a los Leones

La Novia Elegida

La Huida de Egipto

El Éxodo

La bruja de Endor

Camino a Damasco

Enfrentándose al Gigante

Tragado por un pez

¡Naufragio!

Sansón, el guerrero poderoso

¡Descubre más historias de la Biblia de Bible Pathway Adventures!

Consulte los libros de actividades de Bible Pathway Adventures

IR A

www.biblepathwayadventures.com

www.ingramcontent.com/pod-product-compliance
Lightning Source LLC
Chambersburg PA
CBHW040318100526
44583CB00004BB/142